VILLE DU HAVRE

GUIDE DU COMMERCE

POUR LES OPÉRATIONS RELATIVES A

L'OCTROI

SUIVI DU

NOUVEAU TARIF DE CETTE ADMINISTRATION

HAVRE

IMPRIMERIE FLAMBARD FRÈRES, PLACE RICHELIEU, 1.

1862

VILLE DU HAVRE

GUIDE DU COMMERCE

POUR LES OPÉRATIONS RELATIVES A

L'OCTROI

SUIVI DU

NOUVEAU TARIF DE CETTE ADMINISTRATION

HAVRE

IMPRIMERIE FLAMBARD FRÈRES, PLACE RICHELIEU, 1.

1862

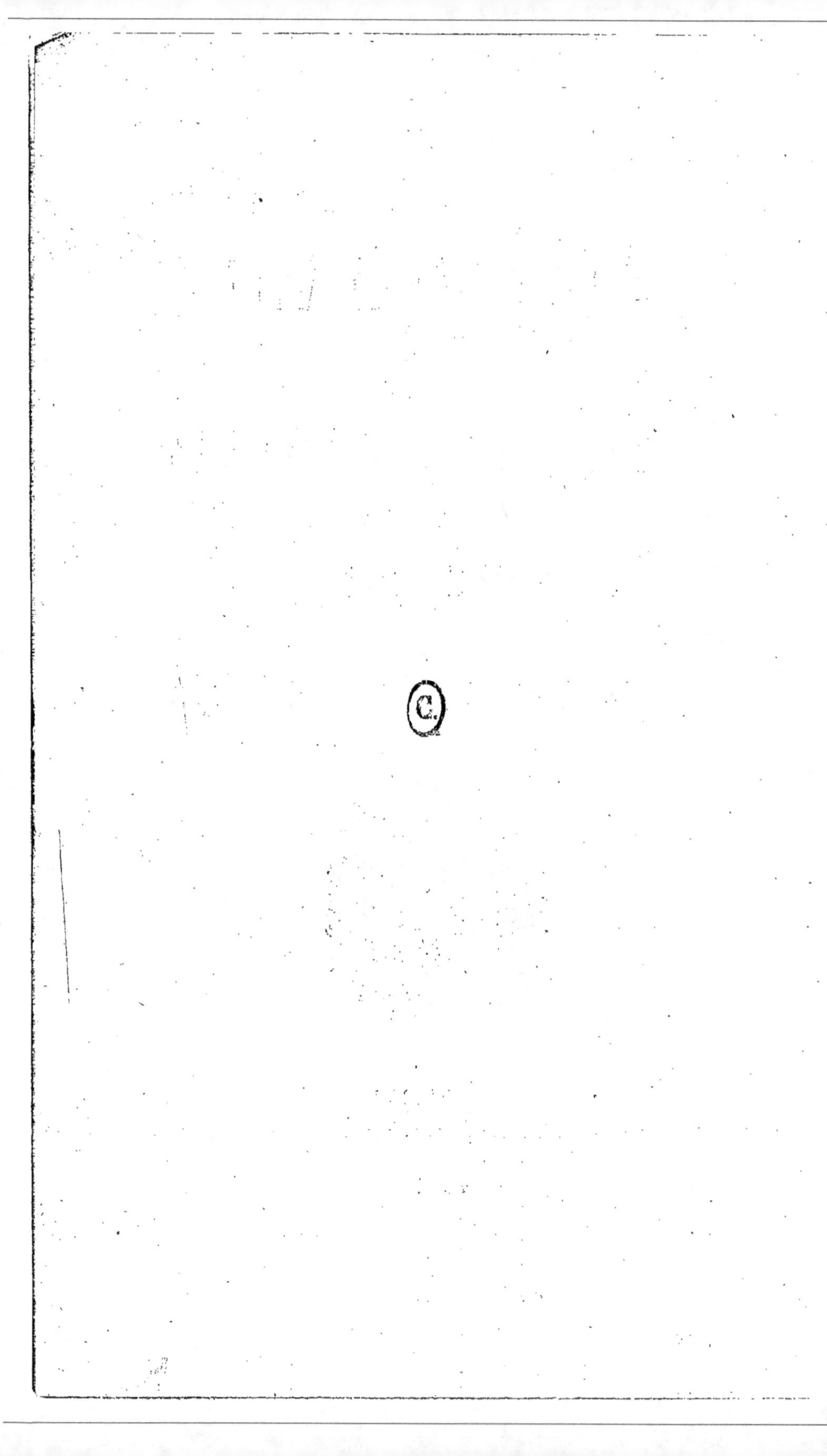

Dans les Administrations financières, il existera toujours, dans l'accomplissement des formalités , une lacune peut-être impossible à combler, non qu'elle vienne des Agents de ces Administrations, mais bien du Commerce lui-même, dont le temps est si précieux et les moments tellement comptés, qu'il n'a pas le loisir nécessaire pour se tenir au courant des lois, réglements, ou instructions particulières qui sont prescrits pour l'accomplissement de ces formalités.

De là découlent inévitablement des contraventions , des procès, des pertes de temps et des tracasseries sans nombre pour le Commerce , et pour les Administrations des désagréments qu'elles voudraient à tout prix voir disparaître , car ils détruisent souvent la bonne harmonie qui doit toujours exister dans leurs rapports réciproques.

La petite notice qui va suivre a été faite, en ce qui concerne l'Octroi seulement, dans le but de combler une faible partie de la lacune signalée plus haut, en réunissant sous le plus petit volume possible les *principales obligations* à remplir par les personnes qui font le commerce ou le transport des objets assujettis aux droits de cette Administration. Trop heureux si ce travail, qui résume en quelques feuilles et le réglement et les instructions spéciales de toutes sortes, peut rendre au Commerce si important et si honorable de notre ville, les éminents services que j'en attends ; car, en effet, ce Recueil suffira à la personne la moins expérimentée, pour se mettre au courant de l'Octroi, puisqu'il ne s'agira plus pour elle que de se reporter à la table placée à la fin de l'ouvrage pour y trouver toutes les indications et obligations principales à remplir soit par les Capitaines, soit par les Courtiers, Consignataires de navires, Réclamateurs, Entrepositaires, Transitaires et Fabricants.

Afin d'éviter aussi d'autres erreurs, toujours préjudiciables au Commerce, il m'a paru nécessaire, pour la conformité des opérations si indispensable en semblable matière, de réunir sous une seule main les impressions officielles que j'ai créées et dont le Commerce est appelé à se servir journellement pour ses diverses déclarations et opérations d'Octroi. Le Receveur Central sera donc dépositaire de toutes ces impressions et les remettra directement aux Commerçants qui lui en feront la demande.

L. CROISIER.

CHAPITRE Ier.

Ouverture des Bureaux.

ART. 1er

Bureau Central.

Ce Bureau est ouvert, en toute saison, de sept heures du matin à midi, et de deux heures à six heures du soir ; les dimanches et fêtes, de sept heures à midi seulement.

ART. 2.

Bureaux de Terre.

Les Bureaux de Rouen et d'Etretat sont ouverts jour et nuit, en toute saison ; les Bureaux de l'Ilet, Vallée, Eure, Harfleur, Mont-Joly, Rouelles, Montivilliers, Bégouën, Boulogne, Sanvic et Sainte-Adresse, sont ouverts : pendant les mois de janvier, février, novembre et décembre, de six heures du matin à huit heures du soir ; mars, avril, septembre et octobre, de cinq heures du matin à neuf heures du soir, et pendant les mois de mai, juin, juillet et août, de quatre heures du matin à dix heures du soir.

ART. 3.

Bureaux des Quais.

Recettes.

Les Bureaux de recette des Quais dont les noms suivent : Grand-Quai, quai aux Bois, Commerce et Pont-Rouge (Dock) sont ouverts tous les jours : pendant les mois de janvier, février, novembre et décembre, de sept heures du matin à six heures du soir ; pendant les mois de mars et octobre, de six heures et demie du matin à sept heures du soir ; pendant les autres mois d'avril, mai, juin, juillet, août et septembre, de six heures du matin à huit heures du soir.

Entrepôt Réel.

Ce Bureau est ouvert en toute saison à sept heures du matin et fermé de midi à deux heures ; il est ensuite ouvert jusqu'à sept heures du soir pendant les mois d'avril, mai, juin, juillet, août, septembre, et jusqu'à six heures du soir seulement pendant les autres mois de l'année.

Bureaux de Surveillance.

Les Bureaux de surveillance établis sur les quais de l'Ile, Lamandé, Calle et Colbert, sont ouverts : pendant les mois d'avril, mai, juin, juillet, août et septembre, de six heures du matin à huit heures du soir, et de sept heures du matin à sept heures du soir les autres mois.

Les autres Bureaux de l'Arsenal, Lamblardie, Casimir-Delavigne et place du Commerce, ouvrent en toute saison à sept heures du matin, et ferment, pendant les mois d'octobre, novembre, décembre, janvier, février et mars, à sept heures du soir, et les autres mois à huit heures.

Tous les Bureaux de surveillance sont fermés de midi à une heure et demie en toute saison ; et les dimanches et fêtes, le Bureau du quai de l'Ile seul est ouvert.

CHAPITRE II.

Introduction des Objets soumis aux Droits.

Art. 4.

Bureaux de Terre, Chemin de Fer compris.

Pour les objets arrivant par terre, chemin de fer compris, il suffit à l'introducteur de faire, avant de franchir le bureau par lequel l'introduction a lieu, la déclaration verbale des objets sujets aux droits, et de présenter à cet effet les lettres de voiture ou autres pièces accompagnant le chargement. (Art. 6 et 7 du réglement.)

Lorsque le Porteur ou le Conducteur d'objets compris au tarif doit déposer ses marchandises dans une habitation située entre les limites de l'Octroi et un bureau de recettes, il est tenu, avant de les introduire à domicile, de se transporter à ce bureau pour y faire sa déclaration et acquitter les droits. (Art. 11 du réglement.)

Bureaux des quais — Obligations des Capitaines.

ART. 5.

Déclaration d'Entrée.

Pour les objets arrivant par eau, le Courtier ou le Consignataire au nom du Capitaine, ou le Capitaine lui-même, doit, dans les vingt-quatre heures de l'arrivée des navires, déposer au Bureau Central la déclaration écrite des objets soumis aux droits qu'il transporte. (Art. 12 du réglement.)

(Les impressions timbrées nº 24 de cette déclaration se trouvent au Bureau Central.)

ART. 6.

Permis de Débarquement.

En échange de la déclaration portée à l'article 5, il est délivré un permis général de débarquement qui doit être remis par le Déclarant au bureau sur le poste duquel le navire se trouve placé.

ART. 7.

Débarquement de marchandises.

Le débarquement des objets assujettis aux droits ne peut avoir lieu avant ou après les heures prescrites pour l'ouverture et la fermeture des bureaux des Douanes. (Art. 13 du réglement.) Ces heures sont ainsi fixées : de huit heures du matin à midi et de deux heures à six heures du soir.

Tous les objets compris dans la même déclaration doivent être placés sur un seul point de déchargement.

ART. 8.

Marchandises refusées — Remboursement des frais de transport et déboursés.

Lorsque des marchandises sont refusées par les Destinataires, les Capitaines peuvent en faire le dépôt à l'Entrepôt Réel de l'Octroi et obtenir de cette Administration le paiement des frais de transport et des déboursés dûment justifiés , pourvu toutefois que ce remboursement n'excède pas la moitié de la valeur des objets délaissés (Art. 101 du réglement et 25 du présent.)

ART. 9.

Responsabilité des Capitaines.

Le Capitaine est responsable du paiement des droits sur toutes les marchandises transportées par lui jusqu'au moment où les Destinataires se sont conformés aux articles 6 et 12 du réglement et n° 11 du présent.

ART. 10.

Certificat de libération.

Pour la garantie des droits, il est délivré au Bureau Central aux navires du cabotage, lorsque les marchandises imposées ont toutes été réclamées, un certificat de libération que les Capitaines doivent déposer en Douane, au bureau de la navigation, afin de pouvoir faire expédier leurs navires.

Obligations des Réclamateurs.

ART. 11.

Déclaration.

Le Réclamateur d'objets arrivant par eau doit faire au Bureau Central avant l'enlèvement, une déclaration écrite énonçant la nature, la quantité, le poids et le nombre des objets à introduire, suivant que les marchandises sont imposées au poids ou à la mesure, et doit aussi, à toute réquisition, présenter les lettres de voiture ou toutes autres pièces accompagnant lesdites marchandises. (Art. 6 et 12 du réglement.)

(Les impressions timbrées n° 25 de cette déclaration se trouvent au Bureau Central.)

ART. 12.

Récépissé de Déclaration.

En échange de la Déclaration portée à l'article 11, qui reste déposée au Bureau Central, il est délivré un Récépissé de Déclaration qui doit être déposé par le Réclamateur au bureau d'Octroi dans le périmètre duquel s'opère le déchargement du navire sur lequel les objets sont arrivés.

Art. 13.

Délivrance des Expéditions et Vérification des Marchandises.

Lorsque les marchandises sont mises à terre, il faut, immédiatement et avant leur enlèvement, se faire délivrer au bureau dépositaire du Récépissé, soit une Quittance, soit un Passe-Debout (*voir pour la définition de ces deux expéditions les articles n*os *17 et 18 du présent*), et réclamer ensuite du Préposé de service la vérification ou l'admission conforme desdits objets. (Art. 7 du réglement.)

Pour les marchandises sujettes à l'Octroi venant de l'étranger, le Réclamateur doit toujours, avant leur enlèvement du quai, présenter au Vérificateur des Douanes coté pour le navire sur lequel elles sont arrivées, l'Expédition de l'Octroi conservatrice des droits de cette Administration.

Art. 14.

Enlèvement partiel.

Lorsque la quantité d'objets à introduire est trop considérable pour être laissée sur le quai jusqu'au complet déchargement, ou si elle ne peut être enlevée en un seul voyage, il faut adresser au Directeur de l'Administration une demande écrite pour obtenir l'autorisation d'enlever partiellement la marchandise. (Art. 14 du réglement.)

Pour éviter la perte de temps, cette demande (*dont le modèle se trouve au Bureau Central*) peut être faite en même temps que la déclaration spécifiée à l'article 11 du présent.

Lorsque cette autorisation est déposée au bureau du quai, il devient nécessaire de calculer la quantité de marchandises qui peut être enlevée dans les vingt-quatre heures, afin de lever son expédition en conséquence. Il est ensuite délivré pour chaque voyage un Bulletin de subdivision, mais, en résultat, ces derniers doivent égaler la déclaration primitive.

Si, cependant, par une cause qu'il est impossible de prévoir à l'avance, l'enlèvement n'avait pu avoir lieu dans le délai fixé, l'Administration toujours conciliante, accorde sur l'expédition, la prolongation de délai nécessaire à l'achèvement de ce travail. (Art. 14 du réglement et instructions diverses.)

Art. 15.

Marchandises déposées aux Docks.

Les Docks possèdent comme chacun le sait dans la même enceinte, des magasins libres et d'autres, au contraire, qui sont entrepôt réel des Douanes. Dans les premiers, les opérations de transit et d'entrepôt d'octroi se font de la même manière que pour les marchandises déposées dans les magasins situés à l'intérieur de la ville. (*Voir pour le transit l'article 19, et pour l'entrepôt celui n° 22 du présent.*) Mais il n'en est pas de même des magasins qui sont consacrés à l'entrepôt réel des Douanes, lesquels sont considérés par l'Octroi comme en-dehors de ses limites, ou encore comme le navire lui-même sur lequel sont arrivées ces marchandises.

D'après ce principe, l'Octroi ne peut accorder l'entrepôt ou le transit sur les marchandises qui sont déposées dans les magasins spéciaux à l'entrepôt réel des Douanes.

Les règles suivies pour les objets qui se débarquent sur les quais ordinaires ont donc été adoptées pour la simplification des opérations ou déclarations, et il suffit de se reporter à ces articles pour en connaître la marche ; seulement la déclaration à faire au Bureau Central pour retirer les marchandises sujettes à l'Octroi, de l'entrepôt réel des Douanes, doit porter cette mention : *Je déclare retirer du Dock, entrepôt réel des Douanes. (Le modèle n° 26 se trouve au Bureau Central.)*

Pour l'expédition des marchandises sujettes aux droits de l'Octroi, par la ligne de fer qui dessert les docks, les expéditions Passé-Debout, Transit ou Déclaration d'Enlèvement d'Entrepôt d'Octroi, doivent être déposées après vérification par le service, au bureau de l'employé du chemin de fer, placé dans l'intérieur de l'établissement.

Lorsque les marchandises débarquées sont destinées à l'Entrepôt Réel des Douanes, il est nécessaire de donner au Bureau de l'Octroi des docks, ou au Bureau Central, le n° d'enregistrement, afin d'apurer le Permis d'Octroi du navire sur lequel sont arrivées les marchandises.

Art. 16.

Dépècement des Navires.

Lors de la déclaration prescrite par l'article 11 du présent, le réclamateur doit donner par écrit le nom du navire qu'il veut dépécer et présenter au Directeur avec cette déclaration, l'acte de francisation ou toute autre pièce authentique constatant la jauge dudit navire.

CHAPITRE III.

Définition des Expéditions les plus usuelles en matière d'Octroi.

Art. 17.

De la Quittance.

Cette pièce est délivrée : 1° lorsque les objets entrants doivent immédiatement être livrés à la consommation ; 2° pour les manquants d'entrepôt ; 3° enfin, pour la mise aux droits des Passe-Debout et Transits.

Art. 18

Du Passe-Debout B.

Cette expédition, la plus usitée de toutes, n'a qu'un délai de vingt-quatre heures ; mais cependant, par tolérance, il a été décidé par l'Administration que celles de ces expéditions délivrées pour accompagner des marchandises destinées à l'embarquement, qui, au moment du dépôt sur les quais, seraient présentées à l'Employé de service pour en reconnaître l'identité, seront, par le visa de ce même Préposé, prolongées de trois jours francs. (Circulaire du 10 avril 1854.) Pour les autres cas, le délai rigoureux de vingt-quatre heures est exigé, à moins d'une autorisation spéciale du Directeur, soit qu'il s'agisse de mettre ces Passe-Debout en entrepôt, en transit ou à la sortie directe. Passé les délais prescrits, les droits sont exigibles sur toutes les quantités spécifiées au Passe-Debout.

Le Passe-Debout doit toujours être délivré sous caution ou consignation des droits, sous la garantie personnelle des Employés qui le délivre; mais ceux-ci n'appliquent que très-rarement ces dernières conditions. (Art. 50, 51 et 52 du réglement.)

Il est expressément interdit de substituer ou altérer la nature ou l'espèce des objets en Passe-Debout pendant la durée du séjour dans la commune. (Art. 54 du réglement.)

Lorsque par force majeure les marchandises doivent rester dans la commune au-delà des délais fixés pour cette expédition, les objets doivent être mis en transit ou en entrepôt.

Art. 19.

Du Transit.

Le transit n'est que la suite du Passe-Debout, qu'il remplace ; sa durée, limitée par la loi à trois jours, peut être prolongée par le Directeur, suivant que la nécessité s'en fait sentir et qu'elle est réclamée verbalement cette fois.

Comme pour le Passe-Debout, une fois le délai expiré, le droit est dû sur la totalité des objets qui y sont portés.

Lorsque le délai du premier transit est expiré, et qu'il a été impossible d'expédier la marchandise, une nouvelle déclaration de *remise* en transit signée du Déclarant et de sa caution doit être faite au Bureau Central, et une prolongation de délai réclamée, si celui de trois jours dont jouit cette expédition est insuffisante.

La déclaration de mise en transit des Passe-Debout doit toujours être signée par le Déclarant et sa caution. (*Le modèle timbré n° 27, se trouve au Bureau Central.*)

Il est également interdit pour les objets en transit d'opérer des changements dans la nature des marchandises sans y être autorisé par le Contrôleur de la division où se trouvent déposées les marchandises. (Art. 65 à 69 du réglement, et instructions diverses.)

Les objets admis en transit restent toujours sous la surveillance du service, auquel ils doivent être représentés à toute réquisition. (Art 65 du réglement.)

Art. 20.

Du Bulletin d'enlèvement ou Sortie d'entrepôt.

Le Bulletin d'enlèvement DD ou Sortie d'entrepôt, trop souvent confondu avec le Passe-Debout, est l'expédition au moyen de laquelle seulement le compte des Entrepositaires peut être déchargé, soit qu'il s'agisse de sortie à opérer par les bureaux de terre ou des quais, soit au contraire qu'il s'agisse de transferts d'Entrepositaire à Entrepositaire.

Cette expédition n'a qu'un délai de vingt-quatre heures et doit être délivrée au moment où les objets sortent de l'entrepôt.

Des registres à souche, dont le modèle a été créé par l'Administration pour favoriser le Commerce, dispensent les Entrepositaires de se présenter au Bureau Central pour y échanger contre leurs déclarations écrites l'expédition dont il est parlé ci-dessus.

Le détaché imprimé de ce modèle à souche peut donc être présenté dans tous les bureaux par lesquels la sortie doit être opérée ; mais à ce moment on doit faire reconnaître l'identité de la marchandise par les Employés de service, et leur laisser cette déclaration, qui doit être enregistrée aux registres DD et E. (*Les modèles timbrés n° 31 et 32 se trouvent au Bureau Central.*)

Les charbons de terre en Entrepôt fictif d'Octroi, qui sont ensuite réexportés par mer, n'obtiennent décharge que sur un état dont le modèle est fourni par l'Administration, et après rapprochement des quantités, de la reconnaissance faite par la Douane.

Cet état, qui doit être déposé à la Direction, le 20 de chaque mois, doit présenter les quantités embarquées pendant le mois précédent.

Dans l'intervalle du mois, si le récensement de l'Entrepôt est opéré, le relevé approximatif doit être fourni immédiatement.

Art. 21.

Du Transfert-

Le Transfert de marchandises d'Entrepositaire à Entrepositaire doit toujours être précédé soit d'une expédition DD délivrée au Bureau Central, soit, par tolérance, d'un détaché du registre ci-dessus, lesquels doivent énoncer le nom de l'Entrepositaire destinataire.

L'Acheteur doit immédiatement faire sa déclaration d'entrepôt au Bureau Central en y joignant la pièce qui lui a été délivrée par son cédant. (*Mêmes modèles que ceux n° 31 et 32, employés pour les sorties d'entrepôt*).

CHAPITRE IV.

De l'Entrepôt.

Art. 22.

L'Entrepôt est gratuit et ne donne lieu à aucun droit.

Pour obtenir l'entrepôt il faut d'abord adresser une demande écrite à M. le Maire, en ayant soin de désigner nominativement les objets pour lesquels on réclame cette faculté, et d'indiquer en même temps les magasins où les marchandises doivent être déposées. Deux jours après cette demande, il est indispensable de se présenter au cabinet du Directeur afin de recevoir la solution de la demande déposée ; puis, le cas échéant, de se faire accompagner par la personne qui doit servir de caution, afin de signer entre les mains du Receveur Central au registre 52 C, l'acte de cautionnement, qui doit ensuite être renouvelé chaque année au 1er janvier.

Règle générale, il ne peut exister dans le lieu fixé pour l'Entrepôt, que des objets entreposés ; ceux qui seraient acquittés ou seulement en transit doivent en être séparés.

La qualité de Détaillant exclut la faculté d'entreposer, à moins de séparation des magasins.

Il est encore de principe qu'aucuns des objets dénaturés après l'Entrepôt ne soient déchargés à la sortie ; ainsi les bois de construction qui ne sont admis à cette faculté que s'ils sont bruts, équarris ou sciés ne peuvent obtenir décharge à la sortie de l'octroi, s'ils sont convertis en menuiseries, tours, charronnages, etc. Deux exceptions sont cependant faites, en faveur des objets destinés à la marine et à la charpente.

(*Le modèle timbré n° 28 pour la mise en Entrepôt des Passe-Debout, Transfert ou Transit, se trouve au Bureau Central.*)

Art. 23.

Le tableau ci dessous en présentant les marchandises admises à l'Entrepôt, désigne aussi les quantités au-dessous desquelles la faculté de l'Entrepôt ne pourra être accordée, et le certificat de sortie ou de transfert délivré :

DÉSIGNATION DES OBJETS	A L'ENTRÉE	A LA SORTIE
	Minimum des quantités à admettre en entrepôt	*Minimum au-dessous duquel les sorties ne seront plus admises en décharge.*
Huiles fabriquées dans la ville	toute quantité	20 kil.
Huiles importées, vernis gras, térébenthine, etc..............	350 kil.	20 —
Huiles et vinaigres aromatisés et autres parfumeries............	100 kil.	10 —
Bières fabriquées d'le rayon de l'octroi	toute quantité	50 litres

DÉSIGNATION DES OBJETS	A L'ENTRÉE	A LA SORTIE
Bières importées	4 hect.	50 lit.
Vinaigres autres que ceux aromatisés	4 —	50 —
Bestiaux	toute quantité	toute quantité
Poissons salés	500 kil.	20 kil.
Poissons à l'huile, huîtres marinées	100 —	10 —
Viandes salées et fumées	250 —	20 —
Huîtres	25,000 —	300
Oranges, citrons et limons	600 —	25 kil.
Bois de chauffage	50 st.	1 st.
Cotrets	10,000	100
Fagots	1,000	100
Charbon de bois	1,000 kil.	10 kil.
Charbon de terre et coke	8,000 —	160 —
Bougies de toute espèce	200 —	20 —
Chandelles	200 —	20 —
Foin, sainfoin, trèfle, etc.	300 bottes	25 bottes
Pailles	500 —	25 —
Avoines	2,000 kil.	200 kil.
Ardoises	10,000	500
Bois de construction, brut ou équarri	30 st.	0 st. 25 c.
Briques, tuiles et carreaux de toute espèce	5,000	500
Pots et tuyaux en terre cuite	500	25
Ciments	500 kil.	50 kil.
Chaux vive fabriquée dans l'intérieur du rayon	toute quantité	5 hect.
Lattes, palets et margouilliers	500 bot^{es} de 50	10 bottes
Plâtre en bloc	10,000 kil.	1,000 kil.
Plâtre en poudre	50 hect.	5 hect.
Pierres de taille et granits	30 mètres	0 m. 25 c.
Marbres	15 —	0 m. 25 c.
Marbres travaillés	1,000 kil.	30 kil.
Fers et Fontes propres aux const^{ons}	1,000 —	100 —
Savons	1,000 —	50 —
Suifs, graisses, vieux oings	200 —	25 —
Saindoux et graisses à manger	200 —	25 —
Fruits secs ou conservés	500 —	20 —
Sons	2,000 —	100 —
Tablettes de faïence	10 mètres	0 m. 50 c.
Truffes	25 kil.	1 kil.
Cire	200 —	20 —
Marrons	500 —	25 —
Chaux de l'extérieur	50 hect.	5 hect.
Eaux gazeuses	4 —	25 lit.
Petits Pois et haricots	250 kil.	10 kil.
Pâtes d'Italie	250 —	10 —
Plomb, étain et zinc	1,000 —	50
Verres à vitres et glaces	500 —	25 —
Bouteilles	2,000	200

CHAPITRE V.

Etablissements industriels.

Art. 24.

L'article 80 du réglement de l'Octroi admet à l'Entrepôt à domicile le charbon de terre destiné aux établissements industriels. Pour obtenir cette faculté, il est nécessaire comme pour l'Entrepôt ordinaire (Art. 22 du présent) d'en adresser la demande écrite au Maire et de lui exposer le travail qui doit se faire dans l'usine. Deux jours après, il est aussi indispensable de se présenter au cabinet du Directeur de l'Octroi afin de s'entendre sur la consommation du combustible et l'exportation ou la livraison à l'intérieur de tout ou partie des produits fabriqués. La suite est donnée à cette demande suivant qu'elle en est jugée susceptible.

CHAPITRE VI.

Entrepôt Réel de l'Octroi.

Art. 25.

Les marchandises sujettes à l'Octroi, en quelques quantités qu'elles se trouvent, sont admises sur la demande des Réclamateurs, à l'Entrepôt Réel de l'Octroi, et les frais de transport et déboursés dûment justifiés, payés par cette Administration. (Art. 94 et 101 du réglement et 8 du présent.)

Les frais de magasinage sont fixés à 50 cent. par mois par hectolitre de liquides en bouteilles et 25 cent. par hectolitre en fûts, et à 50 cent. par 100 kil. pour tous les autres articles. (Art. 103 du réglement.)

CHAPITRE VII.

Fabrication, Préparation, ou récolte dans l'intérieur du rayon de l'Octroi.

ART. 26.

Déclaration de Travail.

Les déclarations de travail doivent être faites par écrit au Bureau Central, au moins quatre heures avant le commencement de l'opération ou mise de feu ; elles doivent indiquer les quantités et la nature des objets. (*Le modèle n° 29 se trouve au Bureau Central.*)

ART. 27.

Ampliation de déclaration et dernières formalités à remplir pour ces objets.

En échange de la déclaration portée à l'article 26, il est délivré une ampliation de déclaration qui doit être remise par le Déclarant, au poste le plus rapproché du lieu de travail.

Lorsque le travail est entièrement terminé et reconnu par le service de l'Octroi qui doit être appelé à cet effet, le Déclarant doit immédiatement acquitter les droits ou réclamer la faculté de l'entrepôt.

Cependant, pour les briques, carreaux, tuyaux et autres objets en terre cuite, ainsi que pour le plâtre, la chaux, le fer, la fonte, les savons, les bougies, les eaux gazeuses, les pâtes d'Italie, etc., lorsque le travail est terminé, le Fabricant doit avec sa déclaration de mise en entrepôt, reprendre au lieu du dépôt l'ampliation de déclaration, et présenter ces deux pièces au Directeur de l'Octroi, qui admet le tout pour conforme ou fait suivre la fin du travail par le service. (Art. 22 à 32 inclus du réglement de l'Octroi et instructions diverses.)

CHAPITRE VIII.

De l'Escorte.

ART. 28.

L'escorte peut être accordée pour les cas ci-dessous désignés :

1° Lorsqu'il y a difficulté à l'entrée ou au débarquement pour déclarer ou vérifier les marchandises ;

2° Quand les colis entrants doivent être immédiatement embarqués ou doivent sortir directement par une autre barrière, et que l'on veut éviter la vérification des colis ou le paiement de la consignation, lorsque l'introducteur est inconnu ;

3° Pour l'embarquement du charbon de terre à destination des ports de l'intérieur.

Les frais d'escorte sont fixés à 1 fr. 50 cent. pour la première heure et à 50 cent. pour les autres heures, sans que la rétribution puisse excéder 4 fr. pour la journée entière.

CHAPITRE IX.

Procuration.

ART. 29.

Nul ne peut signer pour une autre personne les déclarations, soumissions, actes de cautionnement, etc,. s'il n'est porteur de la procuration dont le modèle est déposé à l'Administration et sans que cette pièce soit enregistrée et déposée à l'Octroi.

Ces procurations cesseront d'avoir force, sur la seule demande écrite au Directeur par la personne dont elle émane.

(*Le modèle n° 35 se trouve au Bureau Central.*)

CHAPITRE X.

Expéditions égarées — Duplicata.

ART. 30.

Pour toutes les expéditions égarées, telles que quittance, Passe-Debout, Transit, Bulletin de sortie, Transfert, Permis de débarquement, Récépissé de déclaration, Certificat de libération, Ampliation de déclaration de travail, etc., une demande verbale doit être faite au Directeur pour en obtenir un duplicata, qui sera toujours délivré sur papier timbré de 50 centimes.

Observations Générales

LES FRACTIONS DE LITRE OU DE KILOGRAMME pour la conversion des graines oléagineuses en huile et pour la réduction accordée sur les suifs en branche, au-dessous de 50 sont négligées, et prises pour l'entier au-dessus de ce chiffre. (Circulaire du 8 avril 1857.)

Les objets de consommation soumis aux droits du Trésor ou de l'Octroi, destinés au FORT DE TOURNEVILLE, sont affranchis des taxes. (Circulaire du 14 février 1862.)

LE POIDS BRUT ne doit s'entendre que d'une seule enveloppe, mais il est nécessaire que cette même enveloppe puisse suffire au transport des objets qu'elle renferme. (Circulaire du 14 juin 1857.)

LES SAVONS DE MARSEILLE sont pris au poids brut moyen de 160 kil. par caisse ordinaire. (Circulaire du 18 mars 1862.)

LES SUIFS fondus ou en branche doivent se déclarer au poids brut ; il est accordé pour ces derniers une déduction de 15 % (Circulaire du 17 avril 1861.)

LES VIANDES SAUMURÉES sont prises à 100 kil. par baril et 50 kil. par demi baril ordinaire. (Circulaire du 15 février 1857)

Les Viandes destinées aux fumeries doivent être escortées, pour obtenir la déduction de 10 %. (Circulaire du 8 avril 1857.)

Les Bois de construction, travaillés à l'intérieur, n'obtiennent pas décharge à la sortie des Entrepôts ; cependant, deux exceptions sont faites en faveur des bois destinés à la marine et à la charpente. (Circulaire du 9 mai 1862.)

Les madriers ordinaires sont admis à 0.22 sur 0.08 ; les autres bois sont pris pour leur cube réel.

Les Briques ou Carreaux qui n'ont pas subi toute la cuisson nécessaire, doivent être représentés aux Employés avant le réenfournement, et ensuite compris dans la nouvelle déclaration de fabrication (Circulaire du 14 avril 1860.)

Les Vernis alcooliques dont il est impossible de déterminer le degré, sont imposés à raison de 58 litres d'alcool par 100 litres de vernis. (Circulaire du 12 décembre 1826 des Contributions Indirectes, rappelée par l'Octroi dans sa circulaire du 3 septembre 1860.)

Les Lattes, Palets et Margouillers fabriqués dans l'intérieur de la ville sont assujettis aux droits ; mais le compte des Entrepositaires est déchargé de 2 centistères de bois de construction par botte de 50 pour les lattes et de 100 pour les autres objets. (Circulaire du 15 février 1857.)

Le diamètre des Pots et Tuyaux en terre cuite doit être pris intérieurement (Circulaire du 15 février 1857.)

Les Pavés des rues, en grès ou granit, ne sont pas soumis à la taxe ; les Pavés plats seuls sont imposés. (Circulaire du 15 février 1857.)

Les Marbres travaillés, présentés à l'entrée ou à la sortie, sont pris au poids brut, sans déduction des morceaux de marbre, pierre ou plâtre employés pour en faciliter le transport. (Circulaire du 8 avril 1857.)

Modèles des Impressions qui se trouvent au Bureau Central

Déclarations des Capitaines — Modèle n° 24.

    Id.   des Réclamateurs — Modèle n° 25.

    Id.   pour les marchandises du Dock Entrepôt Réel de Douanes — Modèle n° 26.

    Id.   de Transit — Modèle n° 27.

    Id.   de mise en Entrepôt des Passe-Debout, Transit et Transfert — Modèle n° 28.

    Id.   de fabrication et de récolte — Modèle n° 29.

    Id.   de mise en Entrepôt des objets fabriqués — Modèle n° 30.

    Id.   ou Livre de Sortie pour la décharge des Entrepôts — Modèle n° 31.

    Id.   de Sortie d'Entrepôt — Modèle n° 32.

    Id.   pour les Fabricants non entrepositaires d'objets sujets à la taxe — Modèles n°s 33 et 34.

Procurations. — Modèle n° 35.

TABLE DES MATIÈRES.

De l'Entrepôt.

Établissements Industriels.

Entrepôt réel de l'Octroi.

Fabrication, Préparation ou Récolte dans l'intérieur du rayon de l'Octroi.

De l'Escorte.

Procurations.

Expéditions égarées.

TARIF

DE

L'OCTROI

DE LA

VILLE DU HAVRE

DÉSIGNATION DES OBJETS TAXÉS	MESURES ou POIDS	TAXES PRINCIPALES	TAXES ADDITIONNELLES	TAXES EXTRAORDINAIRES	TOTAL DES TAXES À PERCEVOIR
BOISSONS ET LIQUIDES					
Vins en cercles et en bouteilles..........	l'hectolitre	3 60	» »	» »	3 60
Cidres, Poirés et Hydromels.............	Id.	1 50	» »	» »	1 50
Alcool pur contenu dans les eaux-de-vie et esprits en cercle; eaux-de-vie et esprits en bouteilles; liqueurs et fruits à l'eau-de-vie.	Id.	16 »	» »	» »	16 »
Alcool dénaturé de 2 à 3 dixièmes........	Id.	2 56	» »	» »	2 56
de 3 à 4 —	Id.	2 24	» »	» »	2 24
de 4 à 5 —	Id.	1 92	» »	» »	1 92
au-dessus de 5 dixièmes.	Id.	1 60	» »	» »	1 60
Bières de toutes espèces fabriquées dans l'intérieur des limites.................	Id.	2 60	» »	» »	2 60
Bières venant de l'extérieur.............	Id.	3 30	» »	» »	3 30
Eaux gazeuses, naturelles et artificielles, et Limonades de toutes sortes et de toutes provenances.....................	le litre.	» »	» »	» 05	» 05
Huiles de toutes espèces, végétale, animale et minérale, et tous autres corps gras acidifiés ou non employés comme Huiles; Essence de Térébenthine, Vernis gras ou à l'essence, Blanc de céruse, de zinc et autres couleurs en pâte, broyées ou					

OBSERVATIONS.

Pour la perception, la bouteille commune est considérée litre, et la demi-bouteille demi-litre.

Les fruits à cidre ou à poiré paieront le droit dans la proportion de 5 hect. de fruits verts pour 2 hect. de cidre ou poiré, et de 25 kil. de fruits secs pour un hect. de cidre ou poiré. Les vins dits piquettes et les mélanges d'eau et de vin, venant du dehors, seront considérés comme vin pur. Les petits cidres seront soumis aux mêmes droits que le cidre. Les vases renfermant des fruits à l'eau-de-vie seront comptés pour leur contenance réelle, sans déduction des fruits.

Les eaux de la Reine, de Hongrie, de Cologne, de Melisse, des Carmes, de Lavande, et en général toutes les eaux spiritueuses, aromatiques et odoriférantes, à base d'alcool, en bouteilles ou flacons, sont considérées comme alcool pur. Les petites fioles de ces eaux seront prises pour leur contenance, et réduites pour la taxe en litres.

Les essences de savon seront imposées comme esprits altérés.

Les eaux-de-vie ou esprits en cercles, altérés par un mélange quelconque et dont la dénaturation n'a pas eu lieu conformément aux prescriptions de l'ordonnance du 14 juin 1844, restent soumis aux mêmes droits que les eaux-de-vie et esprits purs, conformément à l'article 23 de la loi du 28 avril 1816; sont encore imposés comme alcool, les vernis préparés à l'esprit, ainsi que le siccatif brillant à base alcoolique pour la mise en couleur sans frottage.

Les huiles de toute espèce, liquides ou concrètes, l'acide oléique et tous autres corps gras employés comme huile, cuits, altérés ou mélangés avec d'autres substances, les huiles de suifs, de saindoux et autres oléines, de coco, de palme, de spermacéti, ainsi que les essences ou huiles de pétrole, naphte, sont soumis aux droits, quel que soit leur emploi, pour

DÉSIGNATION DES OBJETS TAXÉS	MESURES ou POIDS	TAXES PRINCIPALES	TAXES ADDITIONNELLES	TAXES EXTRAORDINAIRES		TOTAL DES TAXES À PERCEVOIR
préparées à l'huile ou à l'essence de térébenthine, ou autres liquides employés comme essences ou huiles..............	les 100 kil.	8 »	2 »	»	»	10 »
Fèces d'huile, pied d'huile et huile de pied de bœuf.........................	Id.	4 60	» 40	»	»	5 »
Le dégras et l'huile de poisson ne sont pas imposés.						
Eaux de Senteur non alcoolisées, Vinaigres aromatisés de toute espèce, Savons de toilette, Pommades et Cosmétiques, poids brut...........................	les 100 kil.	20 »	5 »	»	»	25 »

OBSERVATIONS

leur volume entier, sans aucune déduction. Les graines oléagineuses paieront dans la proportion suivante :

100 kil. graine de colza.pour	44 lit.		100 kil. chenevis et faines.p^r	27 lit.	
100 — rabette............	40 —		100 — arachides écossées..	45 —	
100 — cameline.........	36 —		100 — dito non écossées.	34 —	
100 — lin et roquette.....	31 —		100 — sésame...........	55 —	

Un arrêté du Maire déterminera le rendement en huile, des graines, fruits ou produits oléagineux, non compris ci-dessus, qui pourraient être introduits.

Sont encore imposées les huiles dénaturées, ainsi que l'huile cuite mélangée avec de la résine copale (cette dernière est brune, compacte et poisse aux doigts comme du vernis, mais sèche plus difficilement), la graisse muciline ou mucilagineuse. matière grasse et visqueuse, exhalant une odeur de résidu de gaz, est imposée. Le résidu de gaz est lui-même imposé.

Pour distinguer les espèces de vernis, il suffit d'en jeter quelques gouttes dans un verre d'eau ; s'il surnage, il appartient au vernis gras ; s'il se mélange et trouble l'eau, il est alcoolisé, par conséquent, rangé parmi les alcools ; et s'il exhale une forte odeur d'essence et ne trouble pas l'eau, il est rangé dans les essences de térébenthine.

Les essences de térébenthine et toutes autres préparations pouvant être employées comme essences altérées ou mélangées ensemble ou avec d'autres substances venant du dehors, sont taxées comme essence de térébenthine pure.

Il sera compté à l'entrée et à la sortie 30 litres d'huile par 100 kil. de peinture préparée.

Sont considérées comme eaux de senteur, les eaux, extraits et essences de fleur d'oranger, de rose, de néroli, de linot, de lavande, de fenouillet, de thym, d'anis, de romarin, de bergamotte, de jonquille, d'œillet, de jasmin, de tubéreuse, de mélilot, etc. ; celles de ces eaux, essences ou extraits, qui seraient à l'alcool, doivent être taxées comme alcool ; on peut les reconnaître en en versant une goutte dans un verre d'eau, si l'eau blanchit, c'est qu'il existe de l'alcool.

Les poudres de savon, les pâtes de toilette dite d'amande, de riz, de guimauve et toutes autres poudres et pâtes similaires paieront également 25 cent. par kil.

DÉSIGNATION DES OBJETS TAXÉS	MESURE ou POIDS	TAXES PRINCIPALES	TAXES ADDITIONNELLES	TAXES EXTRAORDINAIRES	TOTAL DES TAXES A PERCEVOIR
Vinaigres de vin, de cidre ou poiré, de bière, de graines, de mélasse, de sirops, ou de toute autre espèce ; Verjus, Sureau et Hièble, en fruits ou en jus...	l'hectolitre	4 50	2 50	» »	7 »

COMESTIBLES

Taureaux, Bœufs et Vaches (vivants)....	les 100 kil.	3 20	» »	» »	3 20
Veaux et Génisses (vivants).............	Id.	3 20	» »	» »	3 20
Béliers, Moutons, Brebis et Agneaux (viv^ts)	Id.	3 20	» »	» »	3 20
Boucs, Chèvres et Chevreaux (vivants)...	Id.	3 20	» »	» »	3 20
Porcs et Truies (vivants)...............	Id.	4 80	» »	» »	4 80
Cochons de lait.......................	Id.	6 »	» »	» »	6 »
Viandes fraîches provenant des animaux ci-dessus désignés (les porcs exceptés), abattus en dehors et introduits, soit entiers, soit par moitiés, quartiers ou par morceaux.	Id.	5 80	» »	» »	5 80
Abats et Issues, le sang de porc compris.	Id.	5 80	» »	» »	5 80
Viande de porc fraîche, abattue au dehors.	Id.	6 »	» »	» »	6 »

OBSERVATIONS

L'hectolitre de sureau ou d'hièble égrainé paie comme un hectolitre de vinaigre ; mais si les fruits tiennent encore à la grappe, il sera fait déduction du tiers, c'est-à-dire que 3 hect. de sureau ou d'hièble en grappe ne compteront que pour 2 hect. de vinaigre.

L'acide pyroligneux ou vinaigre de molérat, ainsi que l'acide acétique, sont soumis au droit à raison de un hect. pour 7 hect. de vinaigre ordinaire. Les vases renfermant des fruits ou légumes au vinaigre seront comptés pour leur contenance totale sans déduction des fruits ou légumes.

Les bestiaux vivants de toute espèce, à destination des bouchers, charcutiers ou autres assujettis devront, à moins que l'entrepôt réel ne soit réclamé, être conduits au bureau de pesage, dans les douze heures au plus tard de leur introduction, pour que le poids y soit constaté et le droit d'octroi immédiatement acquitté ; à défaut les droits consignés ou cautionnés à l'entrée seront rigoureusement exigés.

Aucune déduction ne peut être faite sur le poids des animaux abattus pour la peau qui y serait encore adhérente.

Sont imposées comme viande dépécée, les langues, rognons, foies et cervelles de tous les animaux de boucherie ; les fraises et ris de veaux, les fressures, panne, boyaux, tête, pieds et sang de porc ; les tripes de bœuf ou de vache, les tripettes de mouton et généralement toute la partie intérieure comestible des animaux assujettis à la taxe d'octroi. Un pied de bœuf ou de vache est assimilé pour la perception à 1 kil. de viande ; 4 pieds de veau à 1 kil., et 6 pieds de mouton également à 1 kil. Les têtes de bœuf et de veau, sans langues, sont imposées à moitié du droit, c'est-à-dire que 2 kil. de leur poids brut compteront pour 1 kil. de viande. Lorsque les langues tiendront encore à la tête, le poids en sera évalué par les préposés de l'octroi ; en cas de contestations, les introducteurs seront obligés de les présenter séparément.

DÉSIGNATION DES OBJETS TAXÉS	MESURES ou POIDS	TAXES PRINCIPALES	TAXES ADDITIONNELLES	TAXES EXTRAORDINAIRES	TOTAL DES TAXES A PERCEVOIR
Bœuf séché ou salé d'Amérique (poids net)	les 100 kil.	3 »	» »	» »	3 »
Autres Viandes conservées de quelque manière que ce soit, Jambons, Andouilles, Saucisses, Saucissons, Boudins noirs ou blancs, et généralement toute espèce de Charcuterie venant de l'extérieur..................................	Id.	7 »	» »	» »	7 »
Graisses de toute espèce, bonnes à manger, salées ou apprêtées, le saindoux compris, venant de l'extérieur, poids brut......	Id.	7 »	» »	» »	7 »
Poissons salés, fumés ou pressés, en caques ou barils, poids brut................	Id.	5 60	» »	» »	5 60
Sardines, Anchois, Thons, Maquereaux, Harengs et autres poissons conservés à l'huile, au beurre, ou marinés, et Huîtres marinées, poids brut................	le kil.	» 15	» »	» »	» 15
Poissons frais et Coquillages vendus publiquement............................	par franc.	» 04	» »	» »	» 04
Poisson frais et Coquillages, non conduits à la vente publique et acquittés à l'en-					

OBSERVATIONS

Les viandes désossées, hachées , préparées ou épicées, seront taxées comme viande dépécée.

Les issues se composent seulement de la tête, du cœur , des poumons, panse, boyaux et pieds.

Les viandes cuites, crues ou conservées, hachées, préparées ou épicées, seront taxées à 7 fr. les 100 kil.

Les conserves alimentaires en boîte de fer-blanc renfermant des gibiers, volailles, viandes de boucherie et de charcuterie, cuits au jus ou à la sauce et conservées par la méthode Appert et autres, étant spécialement destinées à l'approvisionnement de la marine , seront affranchies des droits; mais il est bien entendu que ceux de ces mêmes objets en terrines, et les pâtés et poissons à l'huile en boîtes ou autrement, de toute espèce, resteront assujettis aux droits.

Les pâtés de poisson sont taxés comme pâtés ordinaires, à moins qu'ils ne soient truffés, dans lequel cas ils doivent être imposés comme pâtés truffés.

Dans le cas où les facilités nécessaires pour reconnaître si les objets sont truffés ou non, ne seraient pas immédiatement et sans désemparer, données aux préposés de l'Octroi, ces objets seront assimilés aux objets truffés et paieront le droit comme tels.

Aucune déduction ne sera accordée pour les boîtes de toute espèce, vases, paniers et autres emballages, ni pour l'huile, le beurre, saumure et autres ingrédiens employés à la conservation ou préparation des viandes, volailles, gibier, poisson et autres conserves.

DÉSIGNATION DES OBJETS TAXÉS	MESURE ou POIDS	TAXES PRINCIPALES		TAXES ADDITIONNELLES		TAXES EXTRAORDINAIRES		TOTAL DES TAXES À PERCEVOIR	
trée, paieront par kil. brut, y compris l'emballage, savoir : les saumons, turbots, éperlans, truites, aloses, thons, et les coquillages de toute espèce, salés, crus ou cuits, y compris la crevette dite salicoque ou bouquet, poids brut.......	le kil.	»	25	»	»	»	»	»	25
Toute autre espèce de Poisson frais, crevettes communes et goth-fichs, poids brut	Id.	»	10	»	»	»	»	»	10
Huîtres de la rade du Havre............	le cent.	»	15	»	»	»	»	»	15
Huîtres de toute autre espèce ou de toute autre provenance	Id.	»	15	»	15	»	»	»	30
Coqs, Poules et Poulets, Canards et Canetons, Oies et Oisons, Pintades, Lapins et Lapereaux de garenne et Clapiers, Perdrix et Perdreaux rouges ou gris, Gélinottes, Sarcelles, Bécasses, Poules d'eau, Pluviers, Vanneaux et autres palmipèdes	la pièce.	»	20	»	10	»	»	»	30
Dindes et Dindonneaux, Lièvres et Levreaux	Id.	»	35	»	10	»	»	»	45
Faisans, Coqs de bruyère et Outardes....	Id.	»	50	»	50	»	»	1	»
Pigeons de toute espèce, Ramiers, Cailles, Râles et Bécassines...................	Id.	»	10	»	05	»	»	»	15
Grives, Bécassons, Alouettes, Merles, Mauviettes, Etourneaux et autres petits oiseaux	la dizaine.	»	05	»	»	»	»	»	05
Chevreuils, Daims, Cerfs et Biches, Sangliers et Marcassins entiers..........	la pièce.	4	»	»	»	»	»	4	»
Chevreuils, Daims, Cerfs et Biches, Sangliers et Marcassins dépecés, poids brut.	le kil.	»	40	»	»	»	»	»	40
Pâtés et Terrines de toute espèce et de toute provenance, Volaille, Gibier non									

OBSERVATIONS

DÉSIGNATION DES OBJETS TAXÉS	MESURES et POIDS	TAXES PRINCIPALE	TAXES ADDITIONNELLE	TAXES EXTRAORDINAIRES	TOTAL DES TAXES À PERCEVOIR
truffés, en bourriches; frais ou conservés, poids brut……………………	le kil.	» 30	» 20	» »	» 50
Viande, Charcuterie, Volailles et Gibier truffés, Pâtés et Terrines de toute espèce et de toute provenance, truffés à découvert ou emballés, poids brut…………	Id.	» 40	» 60	» »	1 »
Petits Pois et Haricots conservés au beurre ou de quelque manière que ce soit, poids brut………………………	Id.	» »	» »	» 20	» 20
Pâtes d'Italie, Vermicelle, Macaroni, Semoules, Nouilles, Sagou, Racahont, Tapioca, etc., de toute provenance, poids brut	Id.	» »	» »	» 10	» 10
Truffes, poids brut……………………	Id.	1 »	» »	» »	1 »
Oranges, Citrons, Limons et Cédrats, poids brut……………………………	les 100 kil.	1 50	» »	» »	1 50
Marrons et Châtaignes, poids brut…….	Id.	2 »	3 »	» »	5 »
Fruits secs, Prunes, Raisins, Figues, Poires, Dates, Olives, Amandes, Noix, Avelines, Noisettes et autres fruits en cabas, caisses, paniers, sacs ou barils, poids brut………………………	Id.	3 »	2 »	» »	5 »
Fruits de toute espèce, confits ou conservés au jus ou glacés, ou de quelque manière que ce soit, y compris les confitures, gelées, marmelades et compotes de fruits, poids brut……………………	Id.	6 »	9 »	» »	15 »

COMBUSTIBLES

DÉSIGNATION DES OBJETS TAXÉS	MESURES et POIDS	TAXES PRINCIPALE	TAXES ADDITIONNELLE	TAXES EXTRAORDINAIRES	TOTAL DES TAXES À PERCEVOIR
Bois de chauffage de toute espèce, non compris les côtrets, rondins, viquelins, bourrées et fagots taxés ci-après…1re classe.	le stère	1 »	» 50	» »	1 50
Idem………………………2e classe.	Id.	» 70	» 80	» »	1 50

OBSERVATIONS

Les fruits ou légumes conservés à l'huile ou au vinaigre venant de l'extérieur seront imposés aux droits fixés sur ces derniers objets.

Ne sont considérés comme bois de chauffage, que ceux fendus et coupés dans les longueurs en usage dans le commerce des bois à brûler et impropres à toute espèce de travail.

Les bois de teinture (seuls) sont exempts du droit.

DÉSIGNATION DES OBJETS TAXÉS	MESURE ou POIDS	TAXES PRINCIPALES	TAXES ADDITIONNELLES	TAXES EXTRAORDINAIRES	TOTAL DES TAXES À PERCEVOIR
Cotrets, rondins, viquelins et petites bourrées	le cent.	1 »	» »	» »	1 »
Grands fagots, dits de 1re classe..........	Id.	4 50	» »	» »	4 50
Fagots de toute autre espèce, dits de 2e classe, grandes bourrées avec ou sans parements et bourrées à rames.......	Id.	2 »	» »	» »	2 »
Charbons de bois, braise, charbons de toute espèce propres à brûler, poids brut....	les 100 kil.	1 19	» 31	» »	1 50
Charbons de terre, coke, briquettes et autres objets dans la composition desquels il entre des charbons de terre, de bois ou criblures, et poussier de ces combustibles	Id.	» 36	» 07	» »	» 43
Tourbe carbonisée ou ayant subi une préparation industrielle.................	Id.	» 15	» »	» »	» 15
Cire blanche ou jaune, vieux cierges et leurs débris; Stéarine brute ou non coulée; Spermacéti brut ou raffiné, Bougies et Cierges de cire stéarique ou de toute autre espèce, acide stéarique et margarique et autres substances pouvant remplacer la cire, de l'extérieur, poids brut.	le kil.	» 15	» 15	» »	» 30
Suifs en branches ou fondus, Graisses de toute espèce, végétale, animale et minérale, non employées comme comestibles, de l'extérieur, poids brut.......	les 100 kil.	6 »	2 »	» »	8 »
Chandelles.........................	Id.	8 »	» »	» »	8 »

OBSERVATIONS

Les viquelins et cotrets varient de 66 à 77 c de longueur sur 48 à 58 c de circonférence; il en entre environ 100 au stère, ils pèsent habituellement de 5 à 7 kilog., suivant qu'ils sont plus ou moins secs ; le poids des petites bourrées ne doit pas dépasser celui des cotrets, les bourrées d'un poids supérieur à 7 kilog seront comptées comme grandes bourrées.

Les grands fagots dits de 1re classe pèsent ordinairement de 25 à 35 kil., leur longueur est de 1 m. 50 c. à 1 m. 70 c., et leur circonférence de 0 m 80 à 0 m. 90 c.

Le fagots dits de 2e classe sont ceux d'un poids inférieur à 25 kil., d'une longueur moindre que 1 m. 50 c. et d'une circonférence au-dessous de 80 c.

Les fagots supérieurs aux deux dimensions ci-dessus paieront le droit proportionnel.

DÉSIGNATION DES OBJETS TAXÉS	MESURES ou POIDS	TAXES PRINCIPALES	TAXES ADDITIONNELLES	TAXES EXTRAORDINAIRES	TOTAL DES TAXES A PERCEVOIR
FOURRAGES					
Paille longue du poids de 14 kil. et au-dessous, la botte....................	LES 100 BOTTES	8 »	» »	» »	» 8
Paille courte du poids de 7 kil. et au-dessous, la botte....................	Id.	3 »	» »	» »	3 »
Foin, Sainfoin, Trèfle, Luzerne, Pois gris, Vesces, Regains et autres fourrages du poids de 7 kil. et au-dessous, la botte..	Id.	4 25	1 75	» »	6 »
Avoine, Vesce ou Pois gris en grains ou en mouture...........................	les 100 kil.	» 76	» 74	» »	1 50
Son fin ou gros........................	Id.	» 60	» 20	» »	» 80
MATÉRIAUX					
Ardoises de toute espèce..............	le mille.	2 25	» 75	» »	3 »
Bois de toute sorte, en grume, équarris ou sciés, propres aux charpentes, constructions, menuiseries, tours, ébénisteries, charronnage et tous autres travaux 1re classe..........	le stère	4 20	» 80	» »	5 »
2e classe.........,	Id.	3 60	1 40	» »	5 »

OBSERVATIONS

Lors de l'entrée des pailles de blé, seigle, orge et avoine, encore munies de leurs grains, il sera fait une réduction du tiers du poids total, pour ces mêmes grains, les deux autres tiers seront assujettis aux droits établis sur la paille.

Il sera compté pour la perception des droits sur l'avoine en grains, autant de doubles litres qu'il y aura de kilogrammes compris dans la réduction du tiers ci-dessus.

Les fourrages verts paieront la moitié du droit imposé sur les fourrages secs, le fourrage vert comprend le foin, sainfoin, trèfle, luzerne, regains, pois gris, vesce et autres herbes propres à la nourriture des bestiaux.

Les pailles, foins et autres fourrages introduits en vrac, seront évalués par les préposés de l'Octroi seulement, et en cas de contestation, les introducteurs seront tenus de les faire botteler.

Les fourrages hachés sont soumis à la taxe, comme ceux en bottes.

Les avoines, vesce et pois gris concassés sont soumis au droit établi sur ces articles.

Les ardoises ont ordinairement 0 m. 30 c. sur 0 m. 21 c. et 33 c. sur 0 m. 23 c.; celles supérieures à ces dimensions paieront le droit proportionnel.

La grosseur des bois de charpente, construction, menuiserie, etc., sera prise sous écorce, au milieu de l'arbre, et en cas d'impossibilité, aux deux bouts ; le quart du pourtour formera un coté du carré. Les bois de toute espèce devront être imposés pour leur volume réel en stères et centistères, et sans avoir égard aux diverses réductions accordées par le commerce.

DÉSIGNATION DES OBJETS TAXÉS	MESURES ou POIDS	TAXES PRINCIPALES	TAXES ADDITIONNELLES	TAXES EXTRAORDINAIRES	TOTAL DES TAXES A PERCEVOIR
Charpentes, Menuiseries , Tours, Charronnages , etc., travaillés en dehors de l'Octroi, et toute espèce de Bois d'Ebénisterie débités en sciage ou placage, et de toutes provenances....1re classe....	le stère.	5 50	" 50	» »	6 »
2e classe....	Id	4 »	2 "	» »	6 »
Lattes (par bottes de 50), Palets et Margouillers (par bottes de 100).........	la botte.	» 08	» 07	» »	» 15

OBSERVATIONS

Les membrures de bois qualifiés merrains, propres à toute espèce de travail, sont taxés à l'octroi suivant leur essence.

Les rais, moyeux, jantes, gaules, gaulettes, treillages de toute sorte, mâts, mâtereaux, vergues, espars, etc., neufs ou vieux, sont assujettis au paiement des droits.

Les bois récoltés dans le rayon de l'Octroi ou venant du dehors, qui ne seront pas fendus et sciés en longueur en usage dans le commerce des bois à brûler, acquitteront le droit comme bois de construction.

Lorsque des Entrepositaires voudront réduire des bois de construction en bois de chauffage, ils en feront la déclaration par écrit au bureau central, et leurs comptes d'entrepôt seront déchargés d'un stère de bois de construction par chaque quantité de deux stères vingt centistères, réduite en bois de chauffage, laquelle quantité sera reprise en charge au portatif à nouveau compte au nom desdits Entrepositaires ; l'opération sera suivie et vérifiée par les préposés de l'Octroi.

Les bois exotiques venant de l'étranger, en billes ou fourches, et qui ne sont que de passage dans la ville, acajou, palissandre, ébène, grenadille, palmier, citronnier, bois de rose, érable, sandal, sassafras, courbaril, aloës et amaranthe, seront affranchis des droits, ainsi que les bois de gaïac et de buis considérés comme exclusivement employés pour la marine.

Les bois de teinture ne sont assujettis à aucun droit.

Les dosses ne pourront être entreposées ni obtenir décharge à la sortie des entrepôts (on appelle dosse la première et la dernière planche d'un arbre qu'on a refendu, laquelle est sciée d'un côté et où l'écorce ou l'emplacement de l'écorce paraît presque toujours de l'autre).

Les bois de toutes sortes façonnés venant du dehors, seront mesurés sans déduction de tenons, mortaises et flaches, et compteront pour la longueur et la grosseur entière.

Les bois de charpente de démolition venant du dehors du rayon de l'octroi, acquitteront le même droit que les bois neufs.

Ordinairement les lattes n'ont pas plus de 1 m. 10 c. de longueur sur 0 m. 04 c de largeur, il y aura lieu de percevoir le droit proportionnel sur celles qui dépasseront ces dimensions.

Les lattes, pallets et margouillers, fabriqués dans l'intérieur des limites de l'octroi, sont assujettis aux droits, après décharge à l'entrepôt des bois employés à leur confection.

DÉSIGNATION DES OBJETS TAXÉS	MESURES ou POIDS	TAXES PRINCIPALES	TAXES ADDITIONNELLES	TAXES EXTRAORDINAIRES	TOTAL DES TAXES À PERCEVOIR
Briques ordinaires, Tuiles et Carreaux de terre cuite, fabriqués dans le rayon de l'octroi...........................	le mille.	1 70	» 40	» »	2 10
Briques d°, venant de l'extérieur........	Id.	2 10	» 40	» »	2 50
Briques d'une plus grande dimension fabriquées dans le rayon de l'octroi.....	Id.	2 40	» 70	» »	3 10
Briques d'une plus grande dimension fabriquées en dehors du rayon de l'octroi	Id.	3 »	» 70	» »	3 70
Briques réfractaires.....................	Id.	3 »	12 »	» »	15 »
Pots et Tuyaux en terre cuite fabriqués dans le rayon de l'octroi, jusqu'à 15 c. de diamètre.........................	mètre cour	» 08	» »	» »	» 08
Idem au-dessus de 15 c. jusqu'à 22 c....	Id	» 16	» »	» »	» 16
Idem au-dessus de 0m22 c..............	Id.	0 24	» »	» »	» 24
Pots et Tuyaux en terre cuite venant du dehors, jusqu'à 15 c. de diamètre.....	Id.	» 10	» »	» »	» 10
Idem au-dessus de 15 c. jusqu'à 22 c.....	Id.	» 20	» »	» »	» 20
Idem au-dessus de 0m22 c...............	Id.	» 30	» »	» »	» 30
Carreaux de faïence au-dessous de 12 c...	le mille.	3 »	» »	» »	3 »
Idem de 0m12 c. à 0m16 c..............	Id.	6 »	» »	» »	6 »
Tablettes de faïence.....................	LE MÈTRE CARRÉ	2 »	» »	» »	2 »
Chaux vive de toute espèce fabriquée dans le rayon de l'octroi	l'hectolitre	» 18	» 07	» »	» 25

OBSERVATIONS

Les briques cassées, mais pouvant encore être employées, paieront le droit proportionnel.

Les briques ordinaires ne doivent pas avoir plus de 0 m. 22 c. de longueur sur 0 m. 11 c de largeur et 0 m. 05 c. d'épaisseur ; il en entre 833 dans le stère ou mètre cube, ce qui peut servir de base pour celles cassées qui arrivent par tombereaux.

Pour la perception, les faîtières compteront pour quatre tuiles, les nouettes et grandes tuiles pour deux tuiles, et les grands carreaux pour deux carreaux ordinaires. Dans cette dernière catégorie seront comptés ceux ayant 20 c. et au-dessus.

Se trouvent classés dans la catégorie des pots et tuyaux en terre cuite, les globes ou tuiles creuses pour voûtes, les mîtres ou faîtières-lanternes pour cheminées, les conduits d'aisance et les poteries ou faïences de toute espèce propres aux bâtiments.

Les carreaux de faïence d'une dimension supérieure à 0 m. 16 c. acquitteront le droit proportionnel.

Deux hectolitres de chaux en poudre représentent un hectolitre de chaux vive. Un stère ou mètre cube de chaux éteinte représente cinq hectolitres de chaux vive.

DÉSIGNATION DES OBJETS TAXÉS	MESURES ou POIDS	TAXES PRINCIPALES	TAXES ADDITIONNELLES	TAXES EXTRAORDINAIRES	TOTAL DES TAXES À PERCEVOIR
Chaux venant du dehors............ ...	l'hectolitre	» 20	» 10	» »	» 30
Chaux éteinte.....................	LE MÈTRE CUBE	» 96	» 54	» »	1 50
Pouzzolane	l'hectolitre	» 20	» »	» »	» 20
Ciment Romain de Vassy, Pouilly, Portland et autres du même genre, et Stuc, poids brut	les 100 kil.	» 80	» »	» »	» 80
Plâtre en bloc ou cru..............	LES 1000 KIL.	» 90	» 10	» »	1 »
Plâtre en poudre ou cuit, poids brut.....	l'hectolitre	» 15	» 05	» »	» 20
Pierres de taille et de construction et Granit brut	LE ST.OU M.CUBE	3 60	1 40	» »	5 »
Pierres de taille et de construction, Granits de toutes sortes, y compris les seuils et banquettes de trottoirs, travaillés hors le rayon de l'octroi. Pierre travaillée...	Id.	4 20	1 80	» »	6 »
Granit................................	Id.	5 »	1 »	» »	6 »
Marbres bruts.....................	Id.	12 »	» »	» »	12 »
Marbres travaillés hors le rayon de l'octroi	les 100 kil.	4 »	» »	» »	4 »
Cailloux de silex taillés et Galuches......	le mille.	1 50	» »	» »	1 50

OBSERVATIONS

La chaux éteinte, mélangée avec du sable, machefer ou autres matières, quelle que soit la proportion entrant dans le mélange, sera soumise à l'entrée, au même droit que la chaux éteinte pure.

L'hectolitre de plâtre en poudre pèse habituellement 100 kil.

Les pierres d'ardoises et autres pouvant servir à la construction, au dallage et autres usages analogues, sont soumises au même droit que la pierre de taille proprement dite, et imposées suivant qu'elles sont introduites brutes ou travaillées.

Les pavés ou carreaux en pierre de taille, de Caen et autres provenances, ainsi que les grès travaillés en dalles, tablettes, auges, gargouilles, etc., sont soumis au même droit que la pierre de taille travaillée au dehors du rayon de l'octroi.

Les bornes, auges, seuils, chambranles et tous les objets en pierre de taille, granits travaillés en dehors du rayon de l'octroi, et qui ne peuvent être considérés comme meubles ou ustensiles de ménage, seront soumis aux droits, selon la nature des matériaux dont ils sont composés, et mesurés métriquement, sans avoir égard au creux.

Les mêmes objets réfractaires ou fabriqués en terre cuite, faïence ou autre matière, seront taxés comme pierre de taille travaillée au dehors.

Les carreaux de granits noirs, de liais et de marbre, seront imposés comme marbre travaillé venant du dehors.

Le stuc composé d'albâtre, ressemblant au marbre ou à la mosaïque, est imposé comme marbre.

Huit cents galluches ou cailloux de silex taillés représentent un stère ou mètre cube.

DÉSIGNATION DES OBJETS TAXÉS	MESURES ou POIDS	TAXES PRINCIPALES		TAXES ADDITIONNELLES		TAXES EXTRAORDINAIRES		TOTAL DES TAXES À PERCEVOIR	
Fers pour poitrails, solives, pièces pour combles, marches d'escalier, planchers, grilles, châssis, canniveaux et plaques, conduits et tuyaux de toute sorte, colonnes, piliers, bancs et autres siéges, et autres pièces de toutes formes, fumisteries, appareils de chauffage et ustensiles de foyer, de toute provenance, en fer ou mélange d'autres métaux, poids brut..	les 100 kil.	2	»	1	»	»	»	3	»
Les mêmes objets en fonte, poids brut...	Id.	1	35	»	65	»	»	2	»
Plomb, Etain et Zinc de toute espèce, poids brut..........................	Id.	»	»	»	»	2	50	2	50

OBJETS DIVERS

DÉSIGNATION DES OBJETS TAXÉS	MESURES ou POIDS	TAXES PRINCIPALES		TAXES ADDITIONNELLES		TAXES EXTRAORDINAIRES		TOTAL DES TAXES À PERCEVOIR	
Verres à vitre et Glaces.............	Id.	»	»	»	»	4	»	4	»
Bouteilles et Demi-Bouteilles vides de 0ᵐ35 c. et au-dessus.......................	le cent.	»	»	»	»	»	30	»	30
Savons de toute espèce, durs ou mous, fabriqués dans l'intérieur du rayon de l'octroi, poids net....................	les 100 kil.	7	»	»	»	»	»	7	»
Idem venant de l'extérieur, poids brut....	Id.	7	»	»	»	»	»	7	»

OBSERVATIONS

Les objets nouvellement taxés seront admis à l'entrepôt à domicile, aux conditions fixées par le réglement existant.

Sont désignées ci-après les quantités au-dessous desquelles la faculté de l'entrepôt ne pourra être accordée et le certificat de sortie délivré.

DÉSIGNATION DES OBJETS	A L'ENTRÉE	A LA SORTIE
Eaux gazeuses.	4 hectol.	25 litres.
Petits pois et Haricots conservés.	250 kil.	10 kil.
Pâtes d'Italie	250 dito.	10 dito.
Plomb, Etain et Zinc.	1000 dito.	50 dito.
Verres à vitres et Glaces.	500 dito.	25 dito.
Bouteilles	2000	200

Observations Générales

En cas de mélange d'objets assujettis à différentes taxes, le droit le plus élevé sera appliqué à tout le chargement, conformément à la règle générale, à moins que l'introducteur ne préfère en faire le triage et les présenter séparément.

Les droits sont dus sur la totalité des objets entrants, sans égard aux divers excédants de 4 pour cent, de vingt au cent, de trente au mille, etc., ni aux réductions diverses en usage dans le commerce pour certains objets de consommation

Les quantités inférieures aux mesures, poids et nombres énoncés au tarif paieront le droit proportionnel.

Vu et présenté :

Le Conseiller d'Etat, directeur général des douanes et des contributions indirectes,

Signé : BARBIER.

Vu pour être annexé au décret en date du 21 Juillet 1862.
Le Ministre des Finances,

Signé : Achille FOULD.

Pour ampliation et par autorisation :

Pour le Sous-Directeur, chargé des administrations financières,
des dépéches et du contre-seing ,

Signé : A. DE COLMONT.

Pour copie conforme :

Pour le Conseiller d'Etat, directeur général des douanes
et des contributions indirectes , absent,

Et par autorisation ,

L'Administrateur de la 5e Division ,

Signé : PROVENSAL.

MINISTÈRE DES FINANCES

OCTROIS

PRÉFECTURE DU DÉPARTEMENT DE LA SEINE-INFÉRIEURE

NAPOLÉON,

Par la Grâce de Dieu et la volonté nationale, Empereur des Français,
A tous présents et à venir, salut,

Sur le rapport de notre Ministre Secrétaire d'Etat au département des Finances ;

Vu l'ordonnance du 9 Décembre 1814 et les dispositions des 28 Avril 1816 et 24 Juin 1824, relatives aux Octrois ;

Vu la loi du 12 Décembre 1830 et le Tarif y annexé pour la perception du droit d'entrée sur les boissons ;

Vu la loi du 24 Mai 1834 ;

Vu la loi du 11 Juin 1842 ;

Vu la loi du 10 Mai 1846 ;

Vu le décret du 17 Mars 1852 ;

Vu l'article 18 de la loi des finances du 22 Juin 1854 ;

Vu les délibérations du Conseil Municipal de la ville du Havre, en date des 24 Décembre 1861, 20 Janvier et 6 Juin 1862, tendant à la révision du Tarif en vigueur à l'Octroi de ladite ville ;

Vu l'avis du Sénateur, Préfet du département de la Seine-Inférieure, en date du 10 Juin 1862 ;

Vu les observations de notre Ministre Secrétaire d'Etat au département de l'Intérieur ;

Notre Conseil d'Etat entendu,

Avons décrété et décrétons ce qui suit :

Art. 1er.

Le Tarif ci-annexé est et demeure approuvé pour la perception de l'Octroi établi dans la commune du Havre, département de la Seine-Inférieure.

Cet acte sera exécutoire jusqu'au 31 Décembre 1872 inclusivement, époque à laquelle est prorogée la durée du réglement en vigueur audit Octroi.

Art. 2.

L'Administration Municipale sera tenue de justifier, chaque année, au Préfet de la Seine-Inférieure, de l'affectation du produit des taxes additionnelles et extraordinaires comprises au Tarif, aux dépenses en vue desquelles elles sont autorisées, et de présenter à ce Magistrat, à l'expiration du délai fixé pour leur perception, le compte général de ce produit, tant en recettes qu'en dépenses.

Art. 3.

Les objets nouvellement taxés et ci-après désignés seront admis à l'Entrepôt à domicile aux conditions déterminées par le Réglement en vigueur.

DÉSIGNATION DES OBJETS	MINIMUM DES QUANTITÉS À ADMETTRE EN ENTREPOT	MINIMUM DES QUANTITÉS À ADMETTRE À LA SORTIE
Eaux gazeuses	4 hectol.	25 litres.
Petits pois et Haricots conservés..	250 kil.	10 kil.
Pâtes d'Italie.	250 dito.	10 dito.
Plomb, Etain et Zinc.	1000 dito.	50 dito.
Verres à vitres et Glaces.	500 dito.	25 dito.
Bouteilles.	2000	200

Art. 4.

Notre Ministre Secrétaire d'Etat au département des Finances est chargé de l'exécution du présent décret, qui sera inséré au *Bulletin des Lois*.

Fait à Vichy, le 21 Juillet 1862.

Signé : NAPOLÉON.

Par l'Empereur :
  Le Ministre Secrétaire d'Etat au département des Finances,
     Signé : ACHILLE FOULD.

Pour ampliation et par autorisation :
  Le Sous-Directeur chargé des administrations financières,
   des dépêches et du contre-seing.
     Signé : A. DE COLMONT.

Pour copie conforme :
  Pour le Conseiller d'Etat, Directeur général des douanes et des contributions indirectes, absent, et par autorisation,
   L'Administrateur de la 5e Division,
     Signé : PROVENSAL.

Le présent enregistré au Secrétariat général de la Préfecture de la Seine-Inférieure, sous le n° 11,369.
  Rouen, le 4 Août 1862.
   Le Secrétaire général,
     Signé : CH. NAMUROY.

Pour expédition conforme :
  Le Secrétaire général,
     Signé : CH. NAMUROY.

Pour expédition conforme :
  Le Sous-Préfet,
     Signé : LOUIS GROS.

Pour copie conforme :
  Le Maire du Havre,
     JUST VIEL.

VILLE DU HAVRE

Le Maire de la Ville du Havre, Officier de la Légion-d'Honneur,

Vu le décret impérial du 21 Juillet dernier, concernant le Réglement et le Tarif de l'Octroi du Havre,

ARRÊTE :

Art. 1er. — Le Réglement et le Tarif sus-mentionnés et ci-dessus transcrits, seront exécutés à partir du Lundi 11 de ce mois.

Art. 2. — M. le Préposé en Chef, Directeur de l'Octroi, est chargé d'assurer l'exécution du présent Arrêté.

En l'Hôtel-de-Ville du Havre, le 7 Août 1862.

Le Maire,

Just VIEL

Havre. — Imp. Flambard frères.

9 782013 626989